AugenBlicke

Astrid Schmischke-Fischer

AugenBlicke

Gedichte

Bibliografische Information der Deutschen Bibliothek:
Die Deutsche Bibliothek verzeichnet diese Publikation in der Deutschen
Nationalbibliografie; detaillierte Daten sind im Internet
über
<http://dnb.ddb.de> abrufbar.

Umschlagbild und Innenseitenbilder: Winfried Hadler, Hamburg
1. Auflage: 1994

Herstellung und Verlag: Books on Demand GmbH, Norderstedt
ISBN 3-8334-2634-9

Inhalt

AugenBlicke

Losgelöst von Zeit,
nur sichtbar für Sekunden,
nie für die Ewigkeit
und doch mit ihr verbunden.

Nur kurz –
und doch so wirksam,
von Dritten nicht erfasst,
mal tröstend, mal verletzend,
vertraut mal, mal verhasst.

Zwar stumm –
und doch nicht sprachlos;
im Innern wahrnehmbar.
Was Worte sonst zerreden,
wird im AugenBlick oft klar.

In Gedanken –

bei Dir
Dir nahe
nahe und doch fern
fern vom Alltag
Alltag, der ablenkt
ablenkt von mir
mir und meinem Gefühl
Gefühl für Dich
Dich lieben
lieben im Augenblick
Augenblick, der unendlich
unendlich liebevoll
liebevoll in Gedanken…

Zwischen

Zwischen Dir und mir,
zwischen Schein und Sein –
ganz selten auch wir,
viel öfter allein.

Zwischen Tag und Traum,
zwischen Bangen und Hoffen –
verborgen und sichtbar kaum,
hin und wieder ganz offen.

Zwischen suchen und finden,
zwischen lachen und weinen.
Sich miteinander verbinden,
doch sich selbst nur zu meinen.

Zwischen reden und schweigen,
zwischen vor und zurück.
Selten alles zu zeigen
und oft nur ein Stück.

Zwischen stark und schwach,
zwischen Anfang und Ende.
Ein Haus ohne Dach,
dafür um so dicker die Wände.

Zwischen wenig und viel,
zwischen farbig und trist –
alles mit sehr viel Gefühl,
doch wer weiß, wer Du bist?

Ich vertraue Dir,
und doch
muss ich mich
Deiner
immer wieder
neu
versichern.

Ich versichere Dir,
mir zu vertrauen.

Begegnungen

Begegnungen, die keine sind.
Worte, die nie gesprochen.
Zärtlichkeiten, die nie empfunden.
Blicke, die nicht sichtbar.

    Gefühle, die aufbrechen,
lassen

Begegnungen lebendig werden,
Worte mit Sinn erfüllen,
Zärtlichkeiten fühlbar machen,
Blicke in die Tiefe gleiten –

    lautlos sich selbst
begegnen

Geträumt

für Stunden,
Tage –
fast ein Jahr –
geträumt.

Empfunden
vage –
so unmittelbar –
versäumt.

Nicht ausgeschlossen

Weißt du wie das ist, wenn

… eine Möwe über Land fliegt
   und das Meer sucht –

… eine Giraffe in die Knie geht,
   um sich klein zu machen –

… der Gehörlose im Konzert
   vor Begeisterung in die Hände klatscht

… das Flugzeug über die Piste rollt
   ohne abzuheben –

… das Wasser in Deinen Händen
   zu Eis gefriert –

… im Frühling die Blätter
   von den Bäumen fallen –

… das Chamäleon sich nur noch
   für **eine** Farbe entscheidet –

es ist,

… wie meine Gefühle für Dich –
nicht ausgeschlossen!

Ich möchte

Spuren hinterlassen,
unverkennbar und prägnant.
Nicht untergehen in den Massen,
geduldet nur und unerkannt.

Streitbar in jedem Fall mich zeigen,
nicht reden nach des Stärkren Mund.
Aus Angst vor Strafe niemals schweigen,
wenn für mein Reden gibt es Grund.

Meine Spontaneität mir stets erhalten
und offen sein für neues Tun.
Nicht mit den alten Vorbehalten
im Schatten andrer mich ausruh'n.

Auch Ecken haben oder Kanten,
die nicht so leicht zu überseh'n.
Gut Freund sein mit den Toleranten,
den Spießern aus dem Wege geh'n.

Nicht hinter Masken mich verstecken,
erkennbar sein zu jeder Zeit.
Auch Salz auf meinen Lippen schmecken,
von Tränen der Verletzlichkeit.

Auf meine Träume nicht verzichten,
die Sehnsüchte und Phantasien.
Mich der Gerechtigkeit verpflichten
und vor den Taten niemals flieh'n.

Bewusst und gegenwärtig leben,
nicht allen Zeiten schon voraus.
Lernen, auch mal zu geben,
ohne den nötigen Applaus.

… Außen ist nicht Innen

und Innen ist nicht Außen,
doch ohne Innen ist Außen nur Hülle
und ohne Außen
hätte Innen keine Chance zu überleben.

Manchmal versteckt sich Innen hinter Außen
und wagt sich erst hervor,
wenn sie allein –
Innen und Außen.

Das sind dann die Momente,
in denen Innen und Außen miteinander
verschmelzen –

aber,….

Unmissverständlich

Wir wissen,
das Heute ist das Gestern
von morgen.

Und weil wir das wissen,
bleibt uns nur wenig Zeit,
im Hier und Jetzt
empfänglich zu sein.

Empfänglich für:
Berührungen, die uns spürbar machen;
Worte, deren Sinn nicht immer wieder
erklärt werden muss.

Im Augenblick der Nähe
verschmelzen gestern und morgen
im Jetzt
und werden zeitlos.

Sprachlos entfalten wir uns
und begegnen einander –
mit unterschiedlichen Gefühlen –
aber unmissverständlich im Ausdruck.

B^e~w~eg^u~n~g

lässt Lebendigkeit erwecken,
sprengt Grenzen, die behindern nur;
verkörpert Leichtigkeit und Lachen,
zeigt kopflos, meine wirkliche Natur.

Getragen

Ich habe mich verlaufen –
im Dschungel meiner Gefühle.

Orientierungslos irre ich umher,
wende mich hierhin und dorthin,
verweile einen Augenblick;
im Vertrauen auf meine innere Stimme,
die nicht müßig wird,
sich Gehör zu verschaffen
und meine Schritte lenkt.

Mal ist der Boden unter meinen Füßen
fest und hart,
dann wieder weich und morastig,
so dass ich in ihm zu versinken drohe.

Aber –
immer fühle ich mich getragen.

Ich habe viele Gesichter

Eines, wenn ich lache
und unbeschwert über den Rand
meines Alltags blicke.

Eines, das mutig jeder neuen
Situation ins Auge blickt.

Eines, in dessen Zügen sich
die Verletzungen der Vergangenheit
eingegraben haben.

Eines, das vor Angst erstarrt
und sich hilfesuchend umsieht.

Eines, das immer auf der Suche
nach Lob und Anerkennung ist.

Eines, das mit wachen Augen und
offenen Ohren sein Gegenüber wahrnimmt.

Eines, in dem die Tränen immer wieder trocknen,
um im nächsten Augenblick
einem Lächeln Platz zu machen.

Eines, das sich hinter einer Maske
versteckt,
um nicht erkannt zu werden.

Eines, das eingetaucht in Tagträumen –
die Sehnsucht widerspiegelt.

Am Horizont
Sicher vor jedem Zugriff
Tausende von Seeschwalben , die sich versammeln
Richtung Süden schon träumen
Im Licht der untergehenden Sonne kaum noch
   wahrnehmbar
   und dann –
Dunkelheit

Spurensuche

Rückkehr
an den Ort meiner Sehnsucht.
Mit klopfendem Herzen
und weichen Knien.

Nichts hat sich verändert –
und doch,
meine Spuren sind verwischt,
nur noch schemenhaft erkennbar.

Die Zeit hat gegen mich gearbeitet.
Was ich für zeitlos hielt,
ist im Schweigen versunken.

Mir träumte,

dass ich im Garten der Liebe ging.
Ein Meer von bunten Blumen mich umsäumte
und in der Luft ein Hauch von Flieder hing.

Nur zaghaft und verhalten waren meine Schritte,
zu fremd und neu mir diese Welt.
Und immer wieder ein Kreis um eine Mitte,
die nichts und alles doch zusammenhält.

Der Boden unter mir zu schwanken schien,
nur taumelnd konnte ich mich fortbewegen.
Ich ließ mich tragen und auch zieh'n;
es blieb kaum Zeit, um viel zu überlegen.

Ich hörte meine eigne Stimme sagen,
was tief im Innern mich bewegt
und, dass ich Antworten suche auf die Fragen,
die mich begleiten unentwegt.

Mir träumte,
dass aus den bunten Blumen wurde Gras,
und ich die Wirklichkeit versäumte,
weil ich das Aufwachen vergaß.

Einkehr

Mein Blick –
auf Dich gerichtet –
wendet sich nach innen
verweilt
und lässt los

Lässt los –
all das Wollen
      Sehnen
      Erwarten
      Handeln

Ganz ICH
ohne DU

Traumverloren,
der Wirklichkeit
ins Auge sehen,
den Zweifel im Nacken,
von der Unruhe getrieben
und doch
nirgends ankommen.

Jeder Schritt ein FRAGEZEICHEN,
begleitet von vielen GÄNSEFÜSSCHEN,
die sich nicht trauen
und das AUSRUFEZEICHEN
stets den anderen überlassen.

Und hin und wieder
ein kleiner Sprung,
nach einem langen GEDANKENSTRICH.

Das, ist Leben
in der KLAMMER,
mit einem dicken PUNKT dahinter.

Manchmal

Manchmal müssen Gräben übersprungen
und Sümpfe durchwatet werden,
ehe am anderen Ufer
Lichtblicke erkennbar sind.

Manchmal ist es nötig,
kopfüber ins Wasser zu springen
und gegen den Strom zu schwimmen,
um nicht unterzugehen,
im Strudel der Gewohnheit.

Manchmal wird die Hand zur Faust
und das Lächeln zur Grimasse,
wenn die Seele an den Verletzungen
zu verbluten droht.

Manchmal ist es besser
zu schweigen als zu reden,
ohne gleich sprachlos zu sein.

Manchmal gehören die kurzen Augenblicke
und flüchtigen Begebenheiten
zu den nachhaltigsten Erinnerungen.

Manchmal ist es besser,
gesehen zu werden als sich zu verstecken,
um etwas zu verbergen.

Manchmal –
aber nicht immer.

Ohne

mit

Ohne Wenn und Aber
mit Neugier und Spannung

Ohne Zögern und Zagen
mit Spontaneität und Elan

Ohne Angst und Vernunft
mit Zuversicht und Vertrauen

Ohne Grübeln und Bedenken
mit Spaß und Freude

Ohne Erwartungen
mit Dir

Das Kind in mir

Das Kind in mir,
  vermisst das Lachen,
die Freude und die Leichtigkeit.

Das Kind in mir,
  es möcht' erwachen,
aus Zwängen der Befangenheit.

Das Kind in mir,
  sehnt sich nach Licht und Farben,
nach Liebe und Geborgenheit.

Das Kind in mir,
  trägt manche Narben,
von Wunden der Vergangenheit.

Nicht jede Knospe
    wird zur Blüte,

nicht jedes Jahr
    zur Ewigkeit,

nicht jeder Stern war sichtbar
    ehe er verglühte,

doch

jedes Heute
    ist morgen schon Vergangenheit.

Dein Lachen

Dein Lachen steckt mich an,
trägt mich in eine andre Welt,
in der mein eigner Lebensplan
in sich zusammenfällt.

Von Deiner Phantasie lass ich mich
                gern entführen,
in Welten, die mir unbekannt,
an Orte, wo noch Feen regieren,
mit Freundlichkeit und Zauberhand.

Den Puppen leihst Du Deine Stimme
und spielst mit ihnen Wirklichkeit.
so kannst Du alles Gute und auch Schlimme
verarbeiten zu jeder Zeit.

Von Dir möcht' ich es wieder lernen,
spontan und neugierig zu sein.
Zu seh'n, den Himmel mit den Sternen,
auch wenn ich weiß, es trügt der Schein.

Wir kennen sie nur zu gut,
die graumelierten Kleinkarierten
in ihren weißen Westen,
die vom langen Tragen vergilbt,
weil nicht lichtecht.

Ich schlüpfe
aus meiner Rolle,
reiße mir
die Maske vom Gesicht
und bereite mich
auf meinen
nächsten Auftritt vor.

Wir leben in einer
‚Geschlossenen Gesellschaft‘,
immer auf der Suche
nach dem passenden Schlüssel.

Und wenn wir meinen,
ihn endlich gefunden zu haben,
merken wir zu spät,
dass das Schloss schon lange
ausgetauscht wurde.

Mein Weg

umsäumt von einer Blumenwiese,
die bis zum Horizont sich zieht.
Ich halte inne und genieße,
was weit und breit mein Auge sieht.

Nicht immer gradlinig und eben,
von Steinen manches Mal verdeckt,
die schwer nur lassen sich aufheben,
weil unter jedem eine Überraschung steckt.

So mancher Abgrund ist zu überwinden
und mancher Fluss zu überquer'n,
jedoch – bisher war immer eine Brücke
                    noch zu finden,
wenn auch nicht nah, so in der Fern'.

Wann immer ich zur Seite blicke,
erkenn' ich Menschen, die mir wohl vertraut
und die – egal bei welchem Missgeschicke,
mich stets aufs Neue aufgebaut.

Ich höre
Deine Worte,
versteh' nicht ihren Sinn.
Wünsch' mich an einen Orte,
wo ich sein kann, wie ich bin.

Ich seh'
in Deine Augen,
ich kenne diesen Blick,
ich fühle, wie sie saugen,
noch weiche ich zurück.

Ich spüre
Deine Nähe
und mir wird wohl und warm.
Ich wünsch', dass es geschähe:
Du nimmst mich in den Arm.

Ich lese in Deinem Gesicht
wie in einem Märchenbuch,
nur habe ich es nicht in der Hand,
die Seiten umzublättern,
um zu erfahren,
ob ich auch darin vorkomme
und am Ende
vielleicht
an einem neuen Anfang stehe.

Immer wieder
habe ich mir
selbst ein Bein gestellt,
ohne dabei
über mich zu stolpern.

Stattdessen
habe ich mir
nur im Weg gestanden
und bin mir
doch geschickt ausgewichen.

Bis gestern

Grenzgängerin

Wer
kennt die Richtung, nennt das Ziel,
weiß stets wo wir grad' sind,
merkt, wenn aus ernst wird einmal Spiel,
denn Liebe macht bekanntlich blind.

Was
ist der Maßstab aller Dinge,
woran auch ich gemessen werd'.
Der mich umschließt wie eine Schlinge,
die schwer an meinen Wurzeln zerrt.

Wer
sind die andern, die stets meinen,
zu wissen, was sich so gehört,
die selten sind, was sie zu seien scheinen
und die von allem Neuen, erst einmal sind empört.

Wer,
wenn nicht ich, kann mir die Richtung weisen
und Maßstab sein für alles Tun,
die lauten Töne hören und die leisen
und schließlich in mir selbst gelassen ruh'n.

Am Anfang stehen –
Szenenwechsel –
Tastend mich fortbewegen
Ruhe – doch nicht ratlos
Immer von mir selbst bewegt –
Durchhalten – Durchbruch!

Astrid Schmischke-Fischer, geb. 1951,
lebt mit ihrer Tochter in Hamburg.
Erste Veröffentlichungen in Prosa und Lyrik erfolgten 1972
in verschiedenen Tageszeitungen.
Nach langjährigen Berufserfahrungen in der Werbung und als
Pressereferentin in einem Medienkonzern, arbeitet sie heute als
selbstständige Webdesignerin.

Dieser Gedichtband erscheint jetzt in 2. Auflage.